뽀 표 모 표

어린이

중국어 [성모 · 단운모 편]

발음

PLUS
Language Publishing Co.

머리말

    중국은 지난 20여년 동안 성공적으로 추진한 개혁 개방의 성과를 바탕으로 국제적 지위도 상승해 이제는 세계의 중심 국가가 되었습니다. 이런 거대한 나라를 이웃하고 있는 우리에게 중국이란 나라는 기회이자 도전이라 할 수 있습니다. 중국어는 이제 더 이상 그 중요성을 강조하지 않아도 될 만큼 우리 앞에 성큼 다가온 것입니다.

    최근 중국어를 배우려고 하는 학습자의 연령대가 점차 낮아지고 있음을 교육현장에서 실감하고 있습니다. 처음 중국어를 접하는 많은 친구들의 발음 입문서는 무엇보다도 즐겁고 재미있게 시작하여 포기하지 않고 끝까지 할 수 있도록 도와주는 책이어야 한다고 생각합니다. 이 책은 학습자가 쉽고 재미있게 중국어 첫걸음을 떼는 데 목표를 두고 만들었습니다.

    1권에는 기본 단운모 6개와 성모, 2권에는 결합운모와 권설운모로 나누어 발음 방법부터 단어 익히기, 말하기, 만들기, 노래부르기, 연습문제 등 다양한 방법을 통해 중국어 발음을 신나게 익힐 수 있도록 구성하였습니다.

    모쪼록 이 교재가 처음 중국어를 시작하는 어린이들에게 좋은 길잡이 역할이 되기를 희망합니다. 끝으로 책이 나오기까지 따뜻한 격려와 용기를 아낌없이 주신 제이플러스 이기선 실장님과 교재 편집 및 디자인에 애써주신 편집부 가족들에게 감사의 마음을 전합니다. 또한 진심 어린 조언을 해 주신 李丹英(Lǐ Dānyīng)선생님, 언제나 든든한 버팀목이 되어 조력자 역할을 말없이 해주는 지인들에게 감사의 뜻을 전하며, 특히 아이디어 고민을 위해 늦은 밤까지 많은 시간을 함께 해 준 '지뭉왕자'에게 무한한 사랑의 마음을 전합니다.

신 한 미

차례

과	학습내용	노래 & 챈트	교실활동	페이지
1	성조와 경성	Wǒ jiā hěn xìngfú	가족 소풍 버스	8
2	a o e i u ü	Liǎng zhī lǎohǔ	호랑이 얼굴	16
3	b p m f	Zhǎo péngyou	고양이 가면	24
4	d t n l	Xiǎo bái tù	천안문 종이 오리기	32
5	g k h	Xiǎogǒu kàn huā	예쁜 꽃 만들기	40
6	j q x	Wǒ yǒu yí ge jiā	퍼즐 맞추기	48
7	zh ch sh r	Zhù nǐ shēngrì kuàilè	윷놀이	56
8	z c s	b p m f 송	단어장 만들기	64
놀자	원판 돌리기			72

부록1	연습문제 정답	74
	듣기 스크립트	77
	색인	78

부록2	종합문제
	만들기 자료

이 책의 특징

1. 오감으로 체험하는 중국어 맛보기

듣고, 말하고, 읽고, 쓰기는 기본! 오감으로 체험하며 중국어와 쉽게 친해질 수 있도록 만든 발음 입문서입니다.

2. 눈높이를 맞춘 반복학습

중국어를 처음 시작하는 연령대에 맞추어 주변 사물 이름을 통해 발음을 익히고, 재미있는 삽화와 함께 중국어 단어와 문장을 여러 번 말할 수 있도록 구성하였습니다.

3. 인지 발달 특성에 맞춘 놀이식 중국어 수업

초등학교 입학 전후의 어린이들은 상상력이 풍부하고, 짧은 어휘 습득과 함께 의사소통이 왕성한 시기입니다. 이러한 발달 시기에 맞추어 놀이식 학습으로 자연스럽게 중국어를 익힐 수 있습니다.

* 아이콘 설명

단어 척척, 실력 쑥쑥
발음과 단어를 재미있는 삽화와 함께 익혀요.

함께 불러요
신나는 노래🎤와 챈트🥁를 따라 부르며 자연스럽게 익혀요.

중국어 한 마디
'중국어 한 마디'를 통해 중국어에 대한 자신감을 키워요.

연습문제
듣고, 고르고, 써 보며 재미있게 복습해요.

재미있는 만들기
오리고, 붙이고, 직접 체험하며 배워요.

QR코드로 MP3 바로 듣기
발음설명과 단어, 노래, 챈트가 모두 들어 있어요.

이 책의 사용법

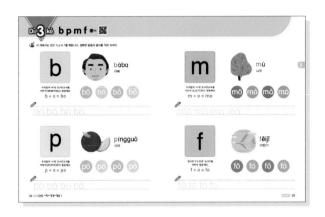

발음

발음 방법을 우리말로 쉽게 설명하여 정확하게 발음하도록 도왔으며, 병음 쓰기를 통해 중국어를 처음 배우는 어린이가 성조, 병음을 자연스럽게 익히도록 하였습니다.

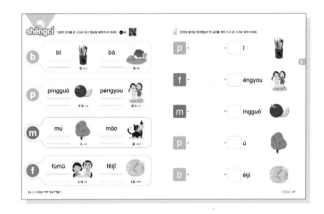

단어·활동

해당 병음의 단어를 여러 개 제시하여 발음 연습은 물론 실생활에 꼭 필요한 단어를 함께 익힐 수 있습니다.

말하기·만들기

'중국어 한 마디'를 통해 단어, 발음 연습만으로는 놓치기 쉬운 중국어 문장 말하기 코너를 마련하였습니다.
해당 과의 중요 병음과 관련된 단어를 선정하여 다양한 활동을 통해 재미있는 중국어를 체험할 수 있습니다.

노래 & 챈트·연습문제

흥겨운 중국 동요도 익히고, 챈트도 따라하며 중국어와 더욱 친해질 수 있도록 하였습니다.
듣기, 쓰기, 연결하기 등 매 과 다양한 형식의 문제 풀이를 통해 쉽고 재미있게 복습할 수 있습니다.

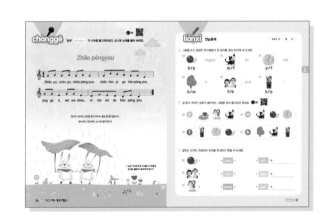

일러두기

1. 중국은 어떤 나라?

중국은 러시아와 캐나다, 미국에 이어 세계에서 네 번째로 넓은 나라입니다. 인구는 대략 13억 정도로 추정하고 있으며 56개의 민족으로 이루어져 있고, 그 중에서 한족이 약 94%를 차지하고 있습니다. 나머지 55개 소수 민족은 자기 민족의 독특한 문화를 계승하며 생활하고 있습니다.

2. 중국어란? 中国语

우리가 일반적으로 말하는 중국어는 중국 인구의 대부분을 차지하는 한족의 언어입니다. 그래서 중국어를 한족이 사용하는 언어라는 의미로 '汉语(한어)'라고 부릅니다. 중국어는 세계에서 가장 많은 사람들이 사용하는 언어로 많은 국가에서 공용어로 쓰고 있습니다.

3. 한어병음이란?

중국어는 뜻 글자이기 때문에 글자만 보고 그 발음을 알 수 없습니다. 한어병음이란 중국인들이 사용하는 일종의 발음 기호입니다. 한어병음은 한자의 발음을 로마자로 표기하고 그 위에 사성 부호를 붙여 사용합니다.

4. 중국어 음절의 3요소

중국어의 음절은 성모와 운모, 그리고 성조의 3가지 요소로 이루어집니다. 이 세 가지가 결합하여 음절을 이룹니다.

성모: 성모는 우리말의 자음 역할을 하며, 음절의 첫소리 부분으로 21개의 성모가 있습니다. 성모는 단독으로 발음할 수 없기 때문에 [o],[e],[i]를 뒤에 붙여 발음합니다.

운모: 운모는 우리말의 모음 역할을 합니다. 음절의 끝소리 부분으로 모음 또는 모음에 자음이 더해진 것입니다. (예:jia, dian)

5. 중국어의 성조

중국어를 발음할 때 가장 중요한 것이 바로 '성조'입니다. 성조는 음의 높고 낮음과 그 변화를 나타내는 것으로 제 1성, 제 2성, 제 3성, 제 4성의 기본 성조와 경성이 있습니다. 중국어는 성조에 따라 그 의미가 달라지는 경우가 많으므로 유의해서 발음해야 합니다.

ma

제 1성으로 발음할 경우 mā 엄마(妈)

제 3성으로 발음할 경우 mǎ 말(马)

제 2성으로 발음할 경우 má 삼베(麻)

제 4성으로 발음할 경우 mà 욕하다(骂)

성조 부호는 운모(모음)위에 표기합니다(예: wǒ 我). 아래 순서로 표기하며, 'i'와 'u'가 함께 나올 경우에는 뒤의 모음에 성조를 표기합니다. [i] 위에 성조를 표기할 때는 'i'위의 점 '(̇)'을 떼고 성조를 표기합니다(nǐ).

성조 부호 붙이는 순서   a > o, e > i, u, ü

Dì **1** kè 성조와 경성

 shēngdiào(성조)가 뭐예요? 🎧 01

중국어에는 네 가지 성조가 있어요. 성조는 말할 때 음의 높고 낮음을 말합니다. 같은 발음이라도 '성조'가 다르면 뜻이 달라지므로, 성조 표기를 잘 보고 발음하는 습관을 기르는 것이 좋습니다.

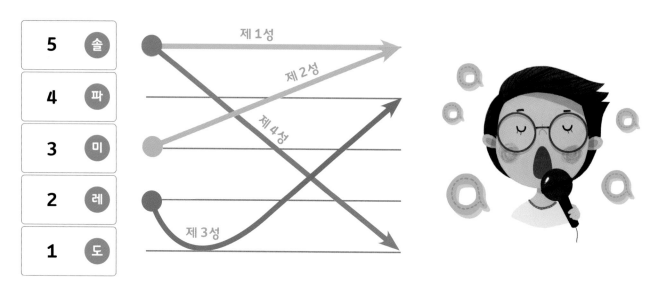

ā 제 1성	→→→	제 1성은 처음부터 끝까지 음이 끊어지지 않고 지속되어야 해요. 입을 크게 벌리고 '아' 하고 길게 발음합니다.
á 제 2성	↗	제 2성은 중간음에서 점점 높이 올라가는 발음이에요. 끝을 가볍게 발음합니다.
ǎ 제 3성	↘↗	제 3성은 낮음 음으로 떨어졌다가 다시 천천히 올라가는 발음이에요.
à 제 4성	↘	제 4성은 높은 곳에서 밑으로 떨어질 때 나는 소리처럼 짧고 강하게 발음합니다.

※병음을 먼저 쓰고 그 위에 성조를 표기합니다.

a(병음) → ā(성조 표기) → ā(완성)

qīngshēng(경성)이 뭐예요?

경성이란 본래의 성조를 잃어버리고 짧고 가볍게 발음하는 것을 말합니다. 경성은 음의 높이가 일정하게 정해져 있지 않고, 앞의 성조에 따라 결정되므로 유의해서 발음해야 해요. 1성, 2성, 3성, 4성 다음에 경성이 올 때 어떻게 발음하는지 알아봅시다.

1성+경성

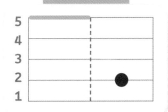

māma 엄마

/mā/ 제 1성을 발음하면서 /ma/로 가볍게 마무리해요.

2성+경성

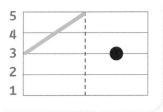

yéye 할아버지

/yé/ 제 2성을 발음하면서 끝을 가볍게 올려주다가 /ye/로 툭 떨어지면서 마무리해요.

3성+경성

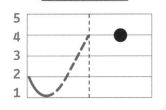

nǎinai 할머니

/nǎi/ 제 3성으로 가장 밑으로 떨어졌다가 /nai/로 가볍게 올려주면서 마무리해요.

4성+경성

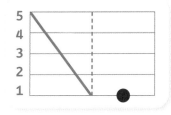

bàba 아빠

/bà/ 제 4성으로 짧게 발음하다가 /ba/로 낮은 음에서 가볍게 마무리해요.

※경성에는 성조 표기를 하지 않습니다.

yéye

_____

_____

爷爷 할아버지

nǎinai

_____

_____

奶奶 할머니

bàba

_____

_____

爸爸 아빠

māma

_____

_____

妈妈 엄마

gēge

_____

_____

哥哥 오빠, 형

jiějie

_____

_____

姐姐 누나, 언니

dìdi

_____

_____

弟弟 남동생

mèimei

_____

_____

妹妹 여동생

기억하세요! 1성+경성 māma, gēge 2성+경성 yéye 3성+경성 nǎinai, jiějie 4성+경성 bàba, dìdi, mèimei

발음을 잘 듣고 각 단어에 알맞은 성조 표기를 한 후, 발음의 높낮이가 그려진 도표를 골라 연결해 보세요.

1

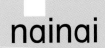 nainai

 baba

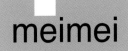 meimei

gege

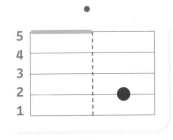

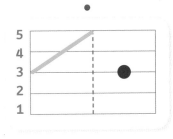

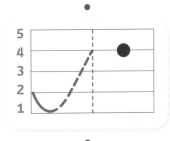

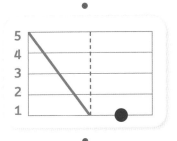

 didi

 jiejie

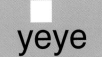 mama

yeye

shuō 🎧 05

엄마, 사랑해요.

妈妈, 我爱你。
Māma, wǒ ài nǐ.

妈妈 māma 엄마
我 wǒ 나
爱 ài 사랑하다
你 nǐ 너, 당신

※ 할아버지, 할머니, 아빠, 엄마, 오빠(형), 언니(누나), 여동생(남동생)등 다른 가족을 넣어 연습하고 익숙해지면 자기가 가장 좋아하는 사람을 그리고 나와서 발표하게 해 보세요.

shǒugōng

버스를 타고 가족 소풍을 떠나요.

1

만드는 방법 ■ 준비물 : 가위, 풀

① 부록의 그림을 활용하여 가족 그림 중에 버스에 함께 타고 싶은 네 사람을 골라 오려 붙입니다.

② "나"는 빈칸에 그리거나 자기 사진을 붙이도록 합니다.

③ 오려붙인 가족을 큰 소리로 말하며 연습해 보세요. (Wǒ ài yéye / māma / gēge. 등)

nǎinai

yéye

bàba

māma

gēge

jiějie

dìdi

mèimei

리듬에 맞춰 즐겁게 불러 보세요. 🎧 06

Wǒ jiā hěn xìngfú

Bàba de bàba jiào shénme? 아빠의 아빠는 뭐라 부를까?

Bàba de bàba jiào yéye. 아빠의 아빠는 할아버지라 부르지.

Bàba de māma jiào shénme? 아빠의 엄마는 뭐라 부를까?

Bàba de māma jiào nǎinai. 아빠의 엄마는 할머니라 부르지.

Wǒ jiā hěn xìngfú, 우리 집은 행복해,

wǒ jiā hěn xìngfú. 우리 집은 행복해.

liànxí 연습문제

1 잘 듣고 성조를 표기하세요. 07

❶ a

❷ a

❸ a

❹ a

2 잘 듣고 성조가 바르게 표기된 것을 골라 ○ 하세요. 08

❶
bàbà
bàba

❷
yéye
yéyé

❸
māma
màma

❹
jiějiē
jiějie

❺
gège
gēge

❻
mēimei
mèimei

3 그림을 보고 알맞은 단어를 찾아 선으로 연결하세요.

năinai   yéye

dìdi   māma

bàba   mèimei

이 과에서는 단운모 'α o e i u ü'를 배웁니다. 정확한 발음과 글자를 익혀보세요.

우리말에도 자음과 모음이 있는 것처럼, 중국어에도 자음과 모음이 있어요. 앞에서 배운 성조와 성모, 운모 이 세가지를 합쳐서 소리를 냅니다. 중국어의 운모 중 대표적인 6개를 배워봅시다. 'α o e i u ü'순서도 기억하세요! 성조를 표기하는 순서랍니다.

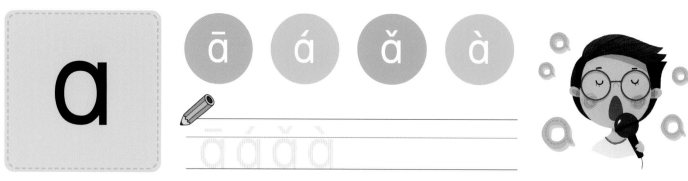

입을 크게 벌리고 '아'하고 길게 발음해요. [아]

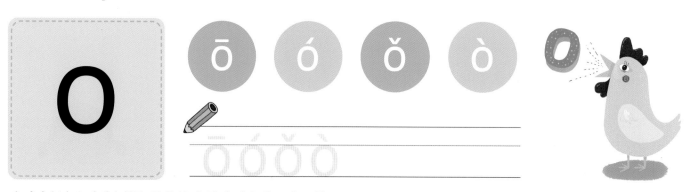

우리말 '오' 소리에 '어'를 끝에 붙여 함께 발음해요. [오어]

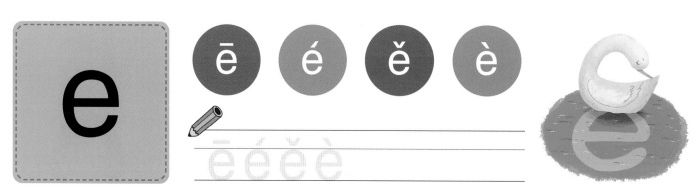

우리말 '어' 소리에 '으'를 앞에 살짝 붙여 발음해요. [으어]

※ 'i'는 점 '·'을 빼고 그 위에 성조를 표기해요.

입을 옆으로 벌리고 이가 보이도록 '이'하고 길게 발음해요. [이]

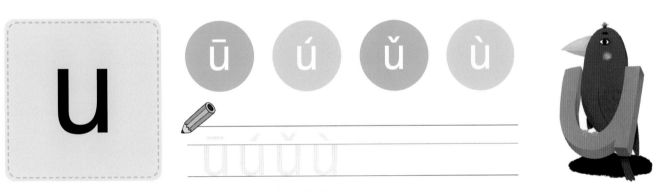

우리말 '우' 소리와 같이 힘을 주어 '우'하고 발음해요. [우]

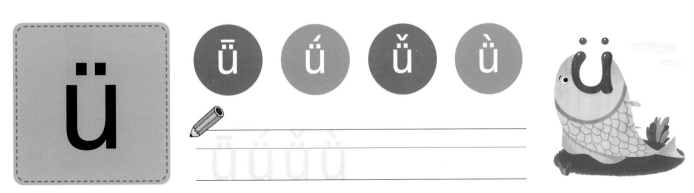

우리말 '위'소리를 발음하되, 입모양을 움직이지 않고 소리내요. [위]

그림의 단어를 큰 소리로 읽고 병음을 예쁘게 써 보세요. 10

a

bā

八 숫자8

dà

大 크다

o

bózi

脖子 목

bōluó

菠萝 파인애플

e

è

饿 배고프다

kělè

可乐 콜라

i

bízi

鼻子 코

mǐ

米 쌀

u

hǔ

虎 호랑이

tù

兔 토끼

ü

lǜ

绿 녹색

nǚ

女 여자

엄마, 배고파요.

妈妈，我饿了。
Māma, wǒ è le.

妈妈 māma 엄마
我 wǒ 나
饿 è 배고프다
了 le 변화를 나타냄

shǒugōng

다함께 '호랑이' lǎohǔ 를 만들어요.

만들기
p.2-1
p.2-2

2

만드는 방법 ■ 준비물 : 색연필, 나무젓가락, 풀

① lǎohǔ 글씨를 예쁘게 색칠합니다.
② 나무 젓가락을 중간에 넣고 앞면과 뒷면을 풀로 붙입니다.
③ 양 손으로 나무 젓가락을 잡고 좌우로 빠르게 돌려 보세요.

앞면   뒷면

※ 자유롭게 학생들이 학습한 두 글자로 된 단어를 골라 앞면과 뒷면에 나누어 글자와 그림을 그리고,
좌우로 빠르게 돌리면 완성된 그림과 글자가 보여요. 간체자를 써도 무방합니다.

가사에 맞추어 재미있게 손 동작을 하며 즐겁게 불러 보세요.

Liăng zhī lǎohǔ

Liăng zhī lǎo hǔ, liăng zhī lǎo hǔ, pǎo de kuài,

pǎo de kuài, yì zhī méi yǒu yǎn jing, yì zhī méi yǒu wěi ba,

zhēn qí guài, zhēn qí guài.

두 마리 호랑이, 두 마리 호랑이, 빨리도 달리네,

빨리도 달리네, 한 마리는 눈이 없고, 한 마리는 꼬리가 없어,

정말 이상해, 정말 이상해.

liànxí 연습문제

1 들려주는 발음을 잘 듣고 알맞은 그림과 병음을 선으로 이으세요.  13

| bózi | bōluó | dà | kělè | mǐ |

2 잘 듣고 빈칸에 들어갈 운모를 성조와 함께 써 넣으세요. 14

❶  b ☐

❷ ☐

❸  t ☐

❹  h ☐

3 그림의 단어를 큰 소리로 읽고, 빈칸에 들어갈 운모를 찾아 연결해 보세요.

❶ 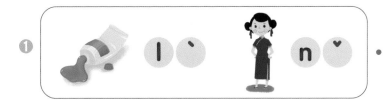 l ● n ♥ ● ● u

❷  h ♥ t ● ● ● ü

이 과에서는 성모 'b p m f'를 배웁니다. 정확한 발음과 글자를 익혀 보세요.

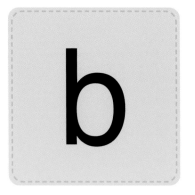

bàba
아빠

우리말의 'ㅃ'에 '오(어)'소리를
더하여 [뽀(뽀어)]라고 발음해요.

b + o = bo

bō bó bǒ bò

píngguǒ
사과

우리말의 'ㅍ'에 '오(어)'소리를
더하여 [포(포어)]라고 발음해요.

p + o = po

pō pó pǒ pò

우리말의 'ㅁ'에 '오(어)'소리를
더하여 [모(모어)]라고 발음해요.

m + o = mo

mù
나무

mō mó mǒ mò

m̄ō mó mǒ mò

영어의 'f'소리에 '오(어)'를
더하여 발음해요.

f + o = fo

fēijī
비행기

fō fó fǒ fò

fō fó fǒ fò

그림의 단어를 큰 소리로 읽고 병음을 예쁘게 써 보세요. 16

b

bǐ

_____

_____

笔 필기구

bá

_____

_____

拔 뽑다

p

píngguǒ

_____

_____

苹果 사과

péngyou

_____

_____

朋友 친구

m

mù

_____

_____

木 나무

māo

_____

_____

猫 고양이

f

fùmǔ

_____

_____

父母 부모

fēijī

_____

_____

飞机 비행기

빈칸에 들어갈 한어병음의 첫 글자를 찾아 쓰고 큰 소리로 읽어 보세요.

p ·

f ·

m ·

p ·

b ·

· [　] ǐ

· [　] éngyou

· [　] íngguǒ

· [　] ù

· [　] ēijī

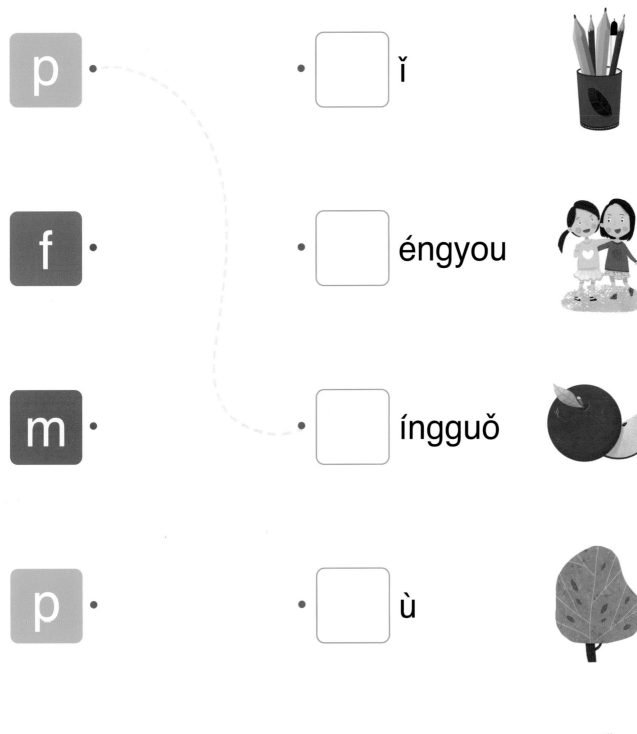

나는 사과를 좋아해요.

 선생님 ‘Nǐ xǐhuan shénme?’ 너는 무엇을 좋아하니?

학생 ‘Wǒ xǐhuan ⬚.’ 저는 ⬚ 을 좋아해요.

※ 배운 단어를 바꿔가며 말해 보아요.
예 사과(píngguǒ), 고양이(māo), 비행기(fēijī), 토끼(tù), 콜라(kělè), 파인애플(bōluó)

我喜欢苹果。

Wǒ xǐhuan píngguǒ.

我 wǒ 나
喜欢 xǐhuan 좋아하다
苹果 píngguǒ 사과

shǒugōng

동물 친구들의 울음 소리는 어떤지 알아 볼까요?
부록에 있는 고양이 그림을 이용해서 miāo miāo(야옹야옹) 가면 놀이를 해 보아요.

만들기 p.3

3

hēnghēng

miāomiāo

jījī

gāgā

wāngwāng

만드는 방법 ■ 준비물 : 가위 ------ 접는 선 ──── 오리는 선

① 세로 선을 먼저 접는다.

② 고양이 입의 가로선(── 오리는 선)을 가위로 오린다.

③ 마름모 꼴로 접은 다음, 입체적으로 입모양이 되도록 한다.

④ 완성된 입모양 ◆ miāomiāo

'친구' péngyou 가 나오면 동그라미하고, 신나게 노래를 불러 보세요.

Zhǎo péngyou

Zhǎo ya, zhǎo ya, zhǎo péng you,   zhǎo dào yí ge hǎo péng you,

jìng ge lǐ, wò wò shǒu, nǐ shì wǒ de hǎo péng you.

찾아요, 찾아요, 친구를 찾아 보아요, 좋은 친구를 찾았아요,

인사하고, 악수해요, 넌 나의 좋은 친구야.

※ 노래 가사에 맞게 아이들이 자유롭게
동작을 곁들여서 발표하게 합니다.

liànxí 연습문제

공부한 날 : 월 일

1 그림을 보고 알맞은 한어병음의 첫 글자를 골라 빈칸에 써 보세요.

❶ [ ] íngguǒ
b / p

❷ [ ] āo
m / f

❸ [ ] ēijī
p / f

❹ [ ] ù
b / m

❺ [ ] ùmǔ
f / b

❻ [ ] ǐ
b / p

2 잘 듣고 주어진 성모가 들어있는 그림을 찾아 동그라미 하세요. 🎧 19

❶ p

❷ m

❸ f

❹ b

3 알맞은 것끼리 연결하여 단어를 완성하고 뜻을 써 보세요.

❶ • • píng • • mǔ 뜻 : _____

❷ • • fù • • you 뜻 : _____

❸ • • péng • • guǒ 뜻 : _____

Dì 4 kè d t n l

 이 과에서는 성모 'd t n l'를 배웁니다. 정확한 발음과 글자를 익혀 보세요.

dú
(책을)읽다

우리말의 'ㄸ'에 '(으)어'소리를
더하여 [뜨어]라고 발음해요.

d + e = de

de dé dě dè

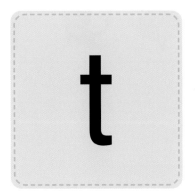

tā
그

우리말의 'ㅌ'에 '(으)어'소리를
더하여 [트어]라고 발음해요.

t + e = te

tē té tě tè

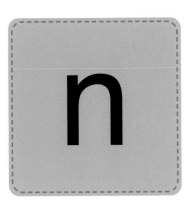

niǎo
새

우리말의 'ㄴ'에 '(으)어'소리를
더하여 [느어]라고 발음해요.

n + e = ne

nē né ně nè

lǎoshī
선생님

우리말의 'ㄹ'에 '(으)어'소리를
더하여 [르어]라고 발음해요.

l + e = le

※'랄랄랄' 노래하듯이, 혀 끝을 입천장 단단한 부분에 세게 부딪혀서 내는 소리입니다.

lē lé lě lè

d

dú

_____

_____

读 (책을) 읽다

dìtú

_____

_____

地图 지도

t

tā

_____

_____

他 그

táng

_____

_____

糖 사탕

n

niǎo

_____

_____

鸟 새

niúnǎi

_____

_____

牛奶 우유

l

lù

_____

_____

路 길

lǎoshī

_____

_____

老师 선생님

시계에 들어 있는 한어병음 첫 글자를 보고 알맞은 그림을 찾아 선으로 연결한 후, 단어를 쓰세요.

niúnǎi

길을 걸어요.

走路。

Zǒu lù.

走 zǒu 걷다
路 lù 길

shǒugōng 종이를 오려서 '천안문' (Tiān'ānmén) 을 만들어요.

부록의 천안문을 오리고 예쁘게 색칠해 보세요.

천안문으로 놀러가요!

만드는 방법 ■ 준비물 : 가위, 색연필   - - - - - - - 접는 선 ——— 오리는 선

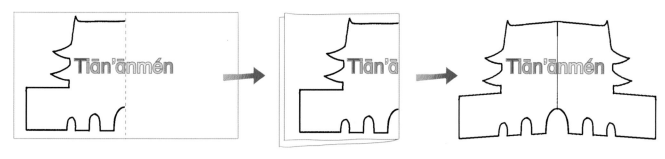

① 점선을 따라 반절로 접는다.　　② 오리는 선을 따라 가위로 오린다.　　③ 펼치면 천안문 완성!

Tiān'ānmén 천안문

천안문은 중국의 상징이라 할 수 있는 건축물로 세계 문화유산으로 지정된 베이징 고궁(故宫, Gùgōng)의 정문입니다.

장엄하고 웅장한 아름다움 때문에 관광객이 많이 찾는 중국의 관광 명소 중 하나랍니다.

※Tiān'ānmén　병음을 쓸 때, 'a, o, e'로 시작하는 음절이 다른 음절 뒤에 올 때, 각 음절의 경계를 분명히 하기 위해 '(격음부호)를 사용해 구분해 줍니다.

 **chànggē** '토끼' 를 찾아 동그라미해 보세요.

Xiǎo bái tù

Xiǎo   bái   tù,   xiǎo bái   tù,   nǐ   qù   nǎr,   nǐ   qù   nǎr?

Bèng   bèng tiào   tiào,   xiǎo bái   tù,   nǐ   qù   nǎr,   nǐ   qù   nǎr?

토끼야, 토끼야, 어디를 가느냐.

깡충깡충, 토끼야, 어디를 가느냐.

liànxí 연습문제

1 다음 단어의 빈칸에 공통으로 들어갈 병음을 찾아 써 넣으세요.

❶

á
ú
é

d ☐   dìt ☐

❷

ǎ
ù
ī

ni ☐ o   niún ☐ i

2 잘 듣고 알맞은 병음을 골라 동그라미 하세요. 🎧 24

❶

lú
lù

❷

láoshì
lǎoshī

❸

tā
tà

❹

dū
dú

3 그림을 잘 보고 밑줄친 단어의 한어병음을 완성하세요.

❶

<u>책 읽는</u> 우리들에게 <u>선생님</u>께서 <u>사탕</u>을 주셨어요.

☐ú   ☐ǎoshī   ☐áng

❷

모르는 <u>길</u>을 갈 때는 <u>지도</u>를 보고 찾아가요.

☐ù   ☐ì ☐ú

Dì 5 kè g k h

 이 과에서는 성모 'g k h'를 배웁니다. 정확한 발음과 글자를 익혀 보세요.

gǒu
개

우리말의 'ㄲ'에 '(으)어'소리를
더하여 [끄어]라고 발음해요.

g + e = ge

gē gé gě gè

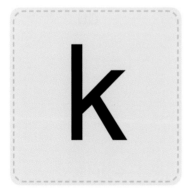

kàn
보다

우리말의 'ㅋ'에 '(으)어'소리를
더하여 [크어]라고 발음해요.

k + e = ke

kē ké kě kè

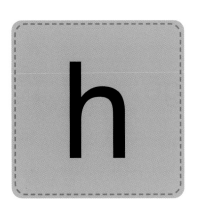

hē
마시다

우리말의 'ㅎ'에 '(으)어'소리를
더하여 [흐어]라고 발음해요.

h + e = he

5

hē hé hě hè

알아보기

중국의 수도 베이징(北京)

Běijīng

베이징(Běijīng)은 중국의
수도입니다. 2008년 8월 8
일에는 올림픽이 열리기도
했어요. 서울에서 베이징까
지는 비행기로 두 시간 정도
걸린답니다.

※우리나라의 수도 '서울'은 어떻게 말할까요?
Shǒu'ěr(首尔)이라고 말해요. 이전에는 Hànchéng
(汉城)이라고 했어요. 도시 이름을 한어병음으로 쓸
때는 반드시 첫 글자를 대문자로 써야 해요.

shēngcí 그림의 단어를 큰 소리로 읽고 병음을 예쁘게 써 보세요. 26

g

gǒu

狗 개

gē

歌 노래

k

kàn

看 보다

kǒu

口 입

h

hē

喝 마시다

huā

花 꽃

사다리를 타서 오른쪽의 운모를 찾아 왼쪽 그림에 맞는 한어병음을 써 보세요.

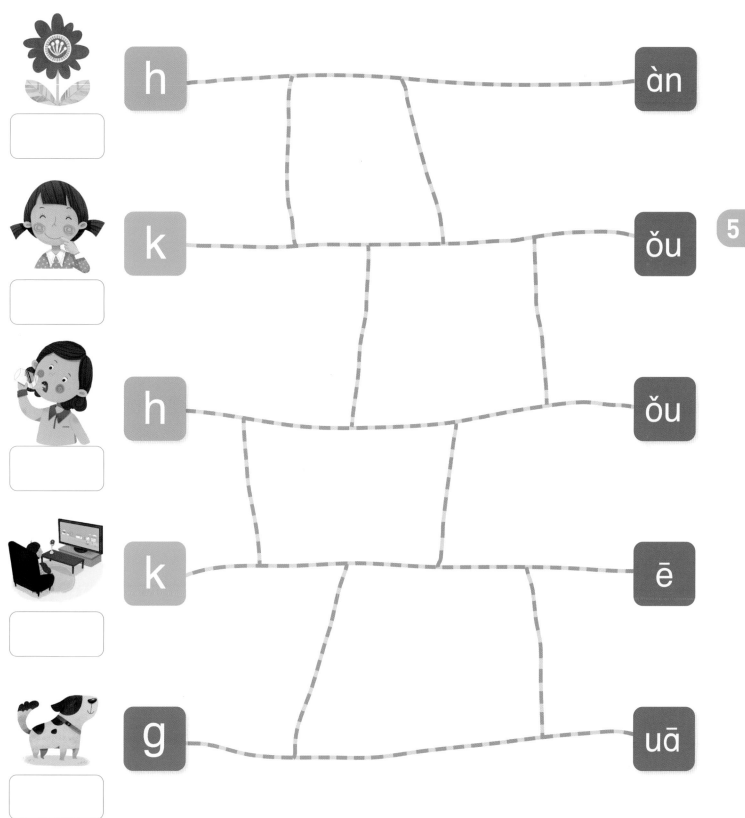

강아지가 노래를 불러요.

小狗唱歌。

Xiǎogǒu chànggē.

小狗 xiǎogǒu 강아지
唱歌 chànggē 노래부르다

shǒugōng

예쁜 꽃밭을 꾸며 보아요.

만드는 방법 ■ 준비물 : 색종이, 가위, 풀

5

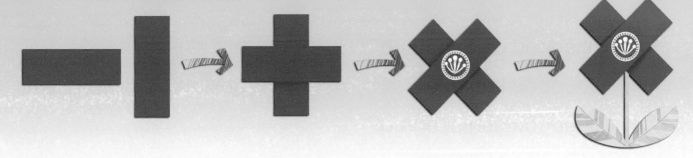

① 알맞은 크기로 색종이를 잘라 꽃잎을 가위로 오린다.

② 겹쳐서 풀로 붙인다.

③ 가운데 수술을 그린다.

④ 예쁜 꽃 완성!

여기에 꽃잎을 붙이세요.

여기에 꽃잎을 붙이세요.

여기에 꽃잎을 붙이세요.

Xiǎogǒu kàn huā

Xiǎogǒu gàn shénme?	강아지가 무얼 하나요?
Xiǎogǒu kàn huā.	강아지가 꽃을 봐요.
Xiǎogǒu gàn shénme?	강아지가 무얼 하나요?
Xiǎogǒu hē chá.	강아지가 차를 마셔요.
Xiǎogǒu gàn shénme?	강아지가 무얼 하나요?
Xiǎogǒu chànggē.	강아지가 노래를 불러요.
Xiǎogǒu hěn máng.	강아지는 정말 바빠요.
Xiǎogǒu hěn máng.	강아지는 정말 바빠요.

그림을 잘 보고 가로, 세로 한어병음을 써 보세요. (성조는 무시하고, 빈칸을 채우세요.)

손을 씻고, 밥을 먹자.

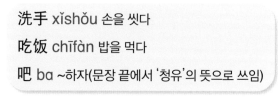

洗手，吃饭吧。
Xǐshǒu, chīfàn ba.

洗手 xǐshǒu 손을 씻다
吃饭 chīfàn 밥을 먹다
吧 ba ~하자(문장 끝에서 '청유'의 뜻으로 쓰임)

shǒugōng

퍼즐 맞추기를 해요.
'자전거를 타요'라고 말할 때는 'Qí zìxíngchē'라고 해요.

만들기 p.5

6

만드는 방법 ▪ 준비물 : 가위, 색연필

부록에 있는 자전거를 타는 친구 모습과 한어병음을 색칠한 후, 선을 따라 오려서 퍼즐 맞추기를 해보세요.

※ '자전거(自行车，zìxíngchē)를 타다'라고 말할 때는 'qí(骑)'를 사용합니다. 오토바이나 자전거, 말 등 두 발을 벌리고 타는 것에는 주로 'qí'를 사용해요.

chàngge

리듬에 맞춰 즐겁게 불러 보세요. 🎧 34

Wǒ yǒu yí ge jiā

Wǒ yǒu yí ge jiā,	나는 가족이 있어,
jiā li yǒu bàba.	아빠가 계시지.
Bàba ài māma,	아빠는 엄마를 사랑하고,
māma ài wǒ.	엄마는 나를 사랑해.

※ 앞, 뒤 공통으로 들어간 단어를 찾아 표시하고 가사에 맞추어 기차를 연결해 보세요.

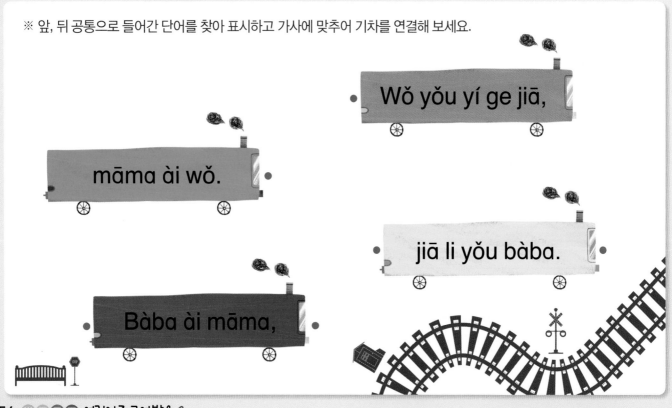

Wǒ yǒu yí ge jiā,

māma ài wǒ.

jiā li yǒu bàba.

Bàba ài māma,

liànxí 연습문제

공부한 날 : 월 일

1 암호표를 이용하여 아래의 단어를 완성해 보세요.

▲	★	◆	♥	○	♣
j	a	x	q	t	n

① △ iā

②  ♥í

③  ◇īguā

④  △īn○iā♣

2 잘 듣고 제 1성의 성조로만 된 단어를 모두 고르세요. 🎧 35

①

②

③

④

3 빈칸에 들어갈 알맞은 운모를 골라 선으로 연결하세요.

① xīgu [ ] •   • āˉ •   • ② j[ ]ntiān

③ q[ ] •   • īˉ •   • ④ ji[ ]

jqx **55**

이 과에서는 성모 'zh ch sh r'를 배웁니다. 정확한 발음과 글자를 익혀 보세요.

'zh ch sh r'는 우리말에는 없는 발음으로 혀를 마는 듯한 느낌으로 발음해야 합니다. 중국어 발음 중 가장 까다로운 것 중 하나입니다.

zhū
돼지

혀를 마는 듯한 느낌으로 우리말의 'ㅉ'에
'으'소리를 더하여 [쯔]라고 발음해요.

zh + i = zhi

chá
(마시는)차

혀를 마는 듯한 느낌으로 우리말의 'ㅊ'에
'으'소리를 더하여 [츠]라고 발음해요.

ch + i = chi

※권설음 'zhi chi shi ri'는 발음이 '으'로 끝나는 것에 주의하세요! 'ji qi xi'와는 다르답니다.

shí

숫자 10

혀를 마는 듯한 느낌으로 우리말의 '스'에
'으'소리를 더하여 [스]라고 발음해요.

sh + i = shi

7

shī shí shǐ shì

rè

덥다

영어의 'r'발음과 같이
[르]라고 발음해요.

r + i = ri

rī rí rǐ rì

 **zh**

Zhōngguó

中国 중국

zhū

猪 돼지

ch

chē

车 자동차

chá

茶 (마시는)차

sh

shí

十 숫자10

shǒu

手 손

r

rè

热 덥다

rén

人 사람

나무에 달린 병음 열매를 따서 바구니의 단어를 완성시켜 보세요.

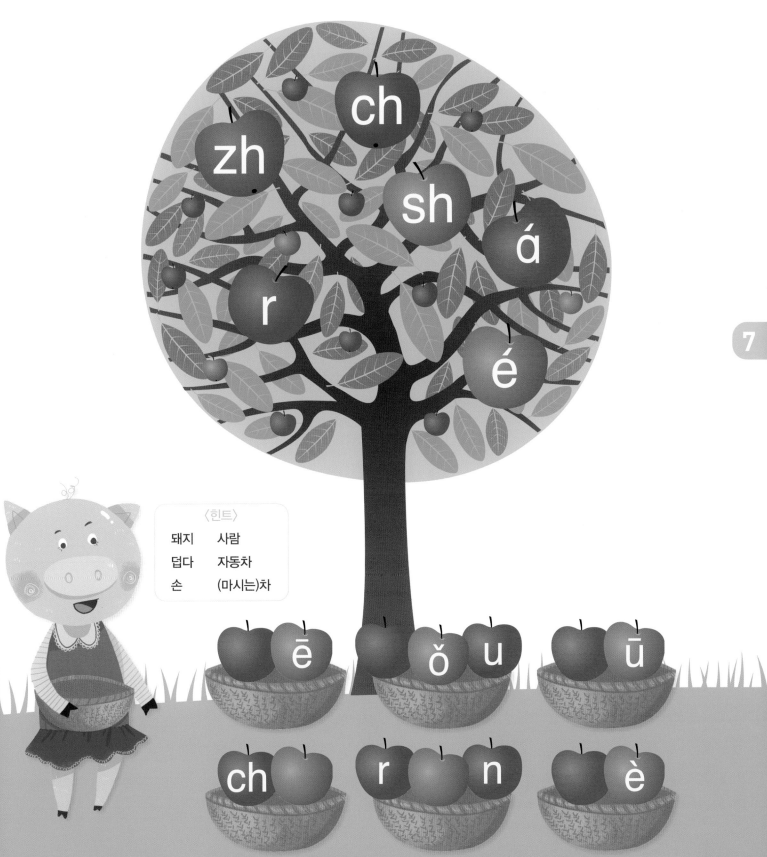

〈힌트〉
돼지   사람
덥다   자동차
손   (마시는)차

엄마는 차를 마시고,

아빠는 운전을 해요.

妈妈喝茶，
Māma hē chá,

爸爸开车。
bàba kāichē.

妈妈 māma 엄마
喝茶 hē chá 차를 마시다
爸爸 bàba 아빠
开车 kāichē 운전하다

 중국어로 윷놀이를 해요.

게임 방법 ▪ 준비물 : 말, 주사위

① 주사위를 던져 나온 수 만큼 칸을 이동합니다.
② 해당하는 병음의 첫 소리로 시작하는 단어를 말하고, 말을 위치시킵니다.
③ 단어를 말하지 못하거나 꽝이 나오면 말을 움직이지 못하며 기회는 친구에게 돌아갑니다.

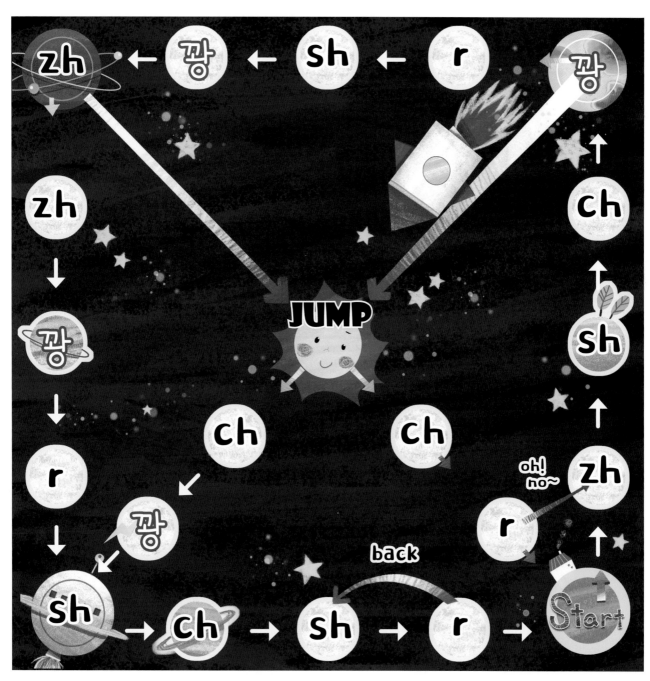

chànggē

권설음 발음을 찾아 동그라미해 보세요. 39

Zhù nǐ shēngrì kuàilè

Zhù   nǐ   shēng   rì   kuài   lè.

Zhù   nǐ   shēng   rì   kuài   lè.

Zhù   nǐ   shēng   rì   kuài   lè.   -

Zhù   nǐ   shēng   rì   kuài   lè.

생일 축하합니다.

생일 축하합니다.

생일 축하합니다.

생일 축하합니다.

 **연습문제**

1 그림에 해당하는 단어를 찾아 동그라미하고 써 보세요.

rèrénchēshìzhūZhōngguóchácēshíshǒu

 ① _____   ② _____ 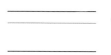 ③ _____

 ④ _____   ⑤ _____  ⑥ _____

2 잘 듣고 왼쪽의 그림에 알맞은 단어를 순서대로 바르게 써 보세요. 🎧 40

① 　h　c　ē
_____

② 　s　í　h
_____

③ 　é　r　n
_____

④ 　z　ū　h
_____

3 그림을 잘 보고 알맞은 단어와 연결하세요.

① 　② 　③ 　④

rè　　　Zhōngguó　　　rén　　　shǒu

이 과에서는 성모 'z c s'를 배웁니다. 정확한 발음과 글자를 익혀 보세요.

Z

zàijiàn
안녕

우리말의 'ㅉ'에 '으'소리를
더하여 [쯔]라고 발음해요.
z + i = zi

ZĪ ZÍ ZĬ ZÌ

C

cǎoméi
딸기

우리말의 'ㅊ'에 '으'소리를
더하여 [츠]라고 발음해요.
c + i = ci

CĪ CÍ CǏ CÌ

※'zi ci si'는 발음이 '으'로 끝나는 것에 주의하세요!

우리말의 'ㅆ'에 '으'소리를
더하여 [쓰]라고 발음해요.

s + i = si

sān
숫자 3

sī sí sǐ sì

재 말 놀 이

누가 누가 잘하나? 한국어와 중국어 중 어느 것이 더 쉬운가요?

한국어

내가 그린 기린 그림은
잘 그린 기린 그림이고,
니가 그린 기린 그림은
못 그린 기린 그림이다.

중국어

Sì shì sì,   四是四,   4는 4이고,

shí shì shí,   十是十,   10은 10이야.

sì bú shì shí,   四不是十,   4는 10이 아니고,

shí bú shì sì.   十不是四。   10은 4가 아니야.

※'四是四' 잰말놀이는 수준에 따라 진행합니다. 처음
부터 끝까지 선생님의 발음을 들려주고, 학생들이
또박또박 정확하게 발음할 수 있도록 돕습니다.

 그림의 단어를 큰 소리로 읽고 병음을 예쁘게 써 보세요. 42

z

zàijiàn

_____
_____

再见 안녕, 잘 가

zǎoshang

_____
_____

早上 아침

c

cǎoméi

_____
_____

草莓 딸기

cǎihóng

_____
_____

彩虹 무지개

s

sān

_____
_____

三 숫자 3

sì

_____
_____

四 숫자 4

각 그림에 해당하는 단어의 병음을 찾아 동그라미하고 빈칸에 써 보세요. (성조도 함께 쓰세요.)

c	s	l	j	n	sh	c	c
m	z	a	i	j	j	i	a	n
s	a	n	o	z	i	o	i
z	o	a	s	h	ng	m	e
n	sh	e	o	a	n	e	n
s	a	ng	e	n	s	i	a
m	ng	a	s	e	n	a	n

_____
_____

_____
_____

_____
_____

_____
_____

_____
_____

_____
_____

맛있니? 정말 맛있어요.

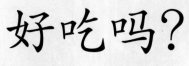

好吃吗?
Hǎochī ma?

真好吃。
Zhēn hǎochī.

好吃 hǎochī 맛있다
吗 ma ~이니?
真 zhēn 정말

shǒugōng

b p m f 노래로 미니북을 만들어요.

만드는 방법　■ 준비물 : 가위　－－－－－－－ 접는 선　───── 오리는 선

① 중앙의 가로선을 접습니다.
② 핑크 바탕의 세로 선(자르는 선)을 가위로 자릅니다.
③ 핑크와 하늘색이 만나는 점선(접는 선)을 바깥쪽으로 접습니다.
④ 핑크 부분을 왼손과 오른손으로 각각 잡고 세로선을 흰바닥(뒷면)이 마주하도록 접습니다.
⑤ 위로 넘기면서 b p m f 노래를 불러요.

8

－1－

이름 :

ㅁㅏㄱㅣㄴ녹

b p m f

－2－

－8－

ü n i
a o e

d t n l

－3－

－7－

z c s

g k h

－4－

－9－

zh ch sh r

j q x

－5－

chànggē

리듬에 맞춰 즐겁게 불러 보세요. 44

b p m f 송

bo po mo fo　de te ne le　ge ke he　ji qi xi

zhi chi shi ri　zi ci si　zhi chi shi ri　zi ci si

a o e　i u ü　a o e　i u ü

뽀어 포어 모어 포어, 뜨어 트어 느어 르어,

끄어 크어 흐어, 지 치 시,

쯔 츠 스 르, 쯔 츠 쓰,

쯔 츠 스 르, 쯔 츠 쓰.

아 오 으어 이 우 위, 아 오 으어 이 우 위.

※ '작은별' 노래에 맞춰 정확한 발음을 떠올리며 부릅니다.
　 두번 째는 노래를 부르면서 자연스럽게 21개의 성모를 복습합니다.
　 a o e i u ü를 부를 때는 입모양이 점점 작아지고 있는 것을 느껴 보세요.

1 알맞은 것끼리 선으로 연결하고 빈칸에 쓰세요.

① zài ·

② zǎo ·

③ cǎo ·

④ cǎi ·

· méi _____

· jiàn _____

· hóng _____

· shang _____

8

2 그림을 보고 한어병음 위에 성조를 표시해 보세요.

① caihong

② san

③ zaoshang

④ caomei

3 발음을 잘 듣고 알맞은 병음에 동그라미 하세요. 🎧 45

①

căoméi
zǎoméi

②

jàiziàn
zàijiàn

③

chăihóng
căihóng

④

sì
shì

원판을 돌려가며 재미있는 놀이를 해요.

Zhǔnbèi kāishǐ!
자~ 준비하시고 찍어요!

부록에 있는 원판을 오려서 재미있는 놀이를 해 보세요!
압정이나 고정핀으로 원판 가운데를 바닥에 고정한 후,
원판을 돌리고 손가락으로 찍은 단어를 읽어보는 게임입니다.
단어 옆에 있는 점수를 확인하고 자신의 점수와 친구의 점수를
점수판에 적고 총점을 합해 보세요.

점수판

	wǒ (나)	tóngzhuō (짝꿍)
1회		
2회		
3회		
4회		
결승전		
총점		

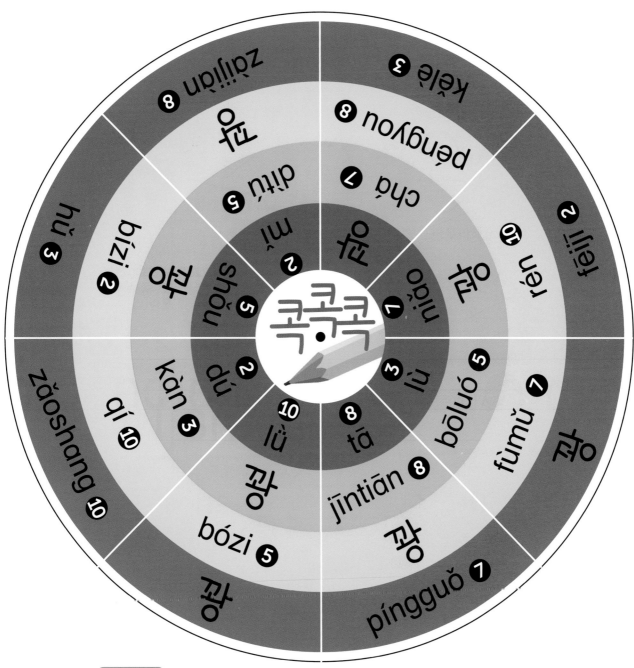

만드는 방법

① 눈을 감고 yī èr sān(하나, 둘, 셋)을 크게 외친 후, 손으로 원 안의 단어를 콕 찍어요.
② 내가 찍은 단어를 큰 소리로 읽어요.
③ 원 밖으로 나가거나 '꽝'이면 기회는 친구에게 넘어갑니다.
④ 찍은 칸에 있는 점수를 점수판에 적어서 총점을 계산해요.

1 성조와 경성

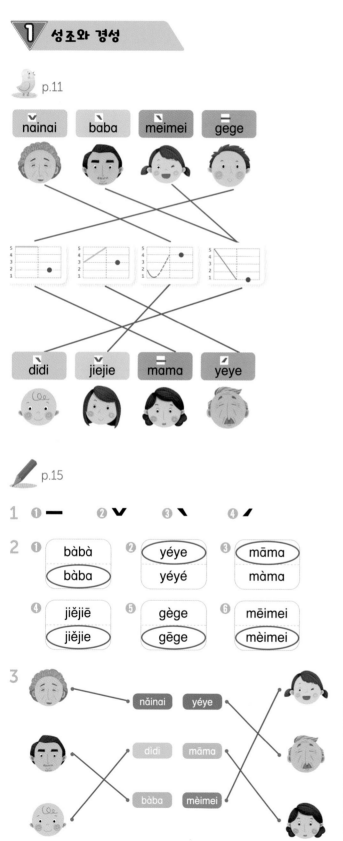

p.11

| nǎinai | bàba | mèimei | gēge |

| dìdi | jiéjie | māma | yéye |

p.15

1 ❶ ▬ ❷ ˇ ❸ ˋ ❹ ´

2
❶ bàbà / **bàba**
❷ **yéye** / yéyé
❸ **māma** / màma
❹ jiějiē / **jiějie**
❺ gègē / **gēge**
❻ mēimei / **mèimei**

3

nǎinai yéye

dìdi māma

bàba mèimei

2 aoeiuü

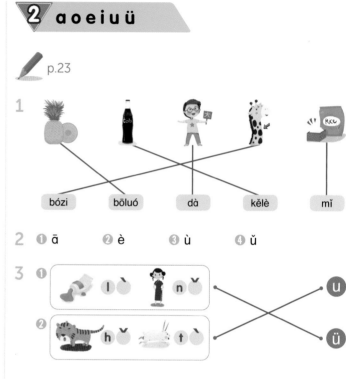

p.23

1 bózi bōluó dà kělè mǐ

2 ❶ ā ❷ è ❸ ù ❹ ǔ

3
❶ l n —— u
❷ h t —— ü

3 bpmf

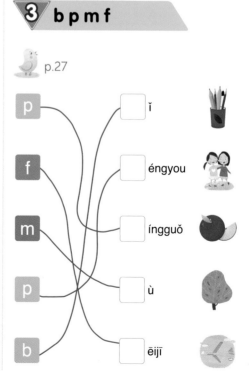

p.27

p ☐ ǐ
f ☐ éngyou
m ☐ íngguǒ
p ☐ ù
b ☐ ēijī

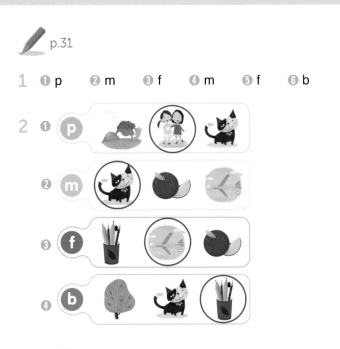

p.31

1 ❶ p ❷ m ❸ f ❹ m ❺ f ❻ b

2 ❶ p
❷ m
❸ f
❹ b

3 ❶ píng ⎯ guǒ 사과
❷ fù ⎯ you 친구
❸ péng ⎯ mǔ 부모님

p.39

1 ❶ ú ❷ ǎ

2 ❶ lú / **lù** ❷ láoshì / **lǎoshī**
❸ **tā** / tà ❹ dū / **dú**

3 ❶ d ú   l ǎoshī t áng
❷ l ù d ì t ú

4 d t n l

p.35

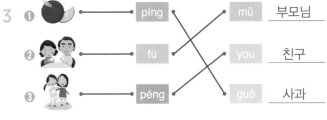

lǎoshī
niúnǎi
dìtú
dú
táng
tā
nǎo
lù

5 g k h

p.43

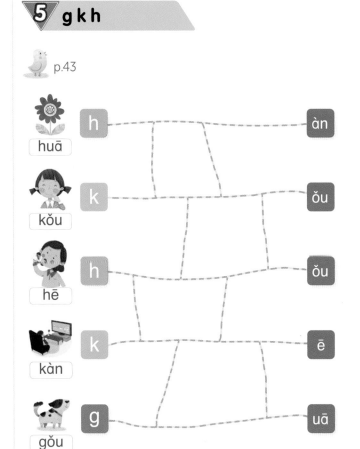

huā — h
kǒu — k
hē — h
kàn — k
gǒu — g

àn
ǒu
ǒu
ē
uā

부록

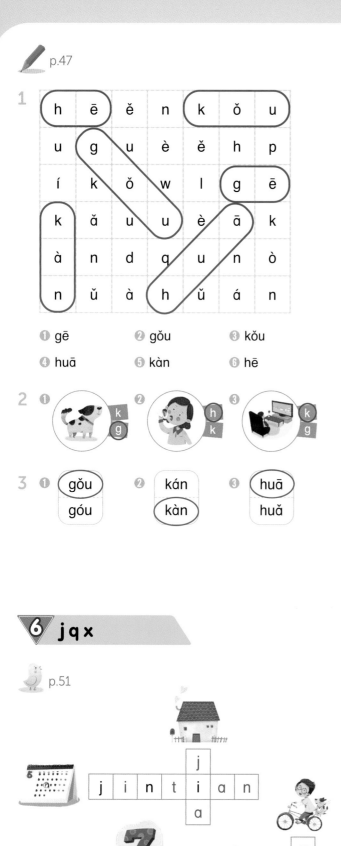

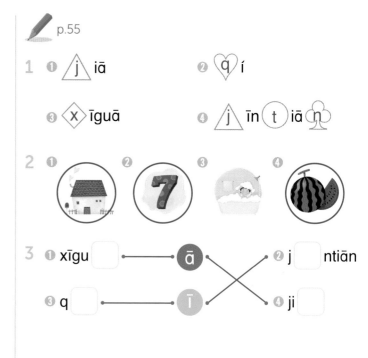

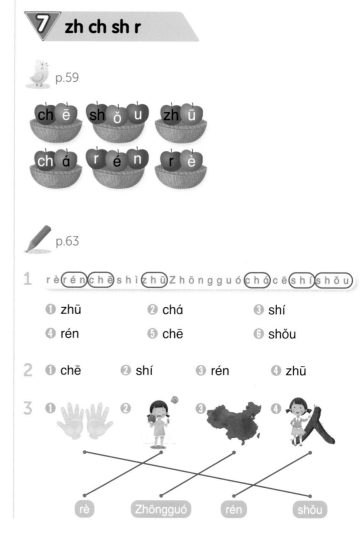

✏ p.47

1

h	ē	ě	n	k	ǒ	u
u	g	u	è	ě	h	p
í	k	ǒ	w	l	g	ē
k	ǎ	u	u	è	ā	k
à	n	d	q	u	n	ò
n	ǔ	à	h	ǔ	á	n

❶ gē ❷ gǒu ❸ kǒu
❹ huā ❺ kàn ❻ hē

2
❶ k / g ❷ h / k ❸ k / g

3
❶ gǒu / góu ❷ kán / kàn ❸ huā / huǎ

6 j q x

🐤 p.51

j i n t i a n
j
a

7

q
x i
q
x i g u a

✏ p.55

1
❶ j iā ❷ q í
❸ x īguā ❹ j īn t iā n

2
❶ ❷ ❸ ❹

3
❶ xīgu ___ — ā — ❷ j ___ ntiān
❸ q ___ — ī — ❹ ji ___

7 zh ch sh r

🐤 p.59

ch ē   sh ǒ u   zh ū
ch á   r é n   r è

✏ p.63

1 r è r é n ch ē sh ì zh ū Zhōngguó ch à c ē sh í shǒu
❶ zhū ❷ chá ❸ shí
❹ rén ❺ chē ❻ shǒu

2
❶ chē ❷ shí ❸ rén ❹ zhū

3
❶ ❷ ❸ ❹
rè   Zhōngguó   rén   shǒu

⑧ z c s

🐦 p.67

c	s	l	j	n	sh	c	c
m	z	a	i	j	i	a	n
s	a	n	o	z	i	o	i
z	o	a	s	h	ng	m	e
n	sh	e	o	a	n	e	n
s	a	ng	e	n	s	i	a
m	ng	a	s	e	n	a	n

zàijiàn

zǎoshang

cǎoméi

cǎihóng

sān

sì

✏️ p.71

1
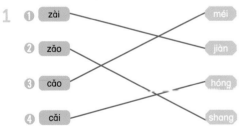

① zài → jiàn — cǎoméi
② zǎo → méi — zàijiàn
③ cǎo → shang — cǎihóng
④ cǎi → hóng — zǎoshang

2 ① cǎihóng ② sān ③ zǎoshang ④ cǎoméi

3
① (cǎoméi) / zǎoméi
② jàiziàn / (zàijiàn)
③ chǎihóng / (cǎihóng)
④ (sì) / shì

종합평가 정답

1 ④	2 ③	3 ②
5 ④	6 ②	7 ②
8 ③	9 ②	10 ②
11 ③	12 ③	13 ③
14 ②	15 píngguǒ	

16 안녕! 잘가!   17 ④
18 ②   19 ③   20 ①

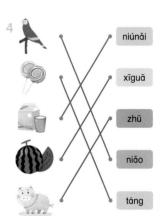
niúnǎi
xīguā
zhū
niǎo
táng

듣기 스크립트

1과 p.15
1 ❶ā ❷ǎ ❸à ❹á
2 ❶bàba ❷yéye ❸māma ❹jiějie ❺gēge ❻mèimei

2과 p.23
1 ❶bózi ❷bōluó ❸dà ❹kělè ❺mǐ
2 ❶bā ❷è ❸tù ❹hǔ

3과 p.31
2 ❶po ❷mo ❸fo ❹bo

4과 p.39
2 ❶lù ❷lǎoshī ❸tā ❹dú

5과 p.47
2 ❶gǒu ❷hē ❸kàn
3 ❶gǒu ❷kàn ❸huā

6과 p.55
2 ❶jiā ❷qī ❸xǐ ❹xīguā

7과 p.63
2 ❶chē ❷shí ❸rén ❹zhū

8과 p.71
3 ❶cǎoméi ❷zàijiàn ❸cǎihóng ❹sì

색인

<뽀포모포 어린이 중국어 발음 1>에는 모두 77개의 단어가 나왔습니다. 얼마나 알고 있는지 확인해 보세요.

a

| ài | 爱 | 사랑하다 | 1과(p.12) |

b

bá	拔	뽑다	3과(p.26)
bā	八	숫자 8	2과(p.18)
bàba	爸爸	아빠	1과(p.10)
bǐ	笔	필기구	3과(p.26)
bízi	鼻子	코	2과(p.19)
bōluó	菠萝	파인애플	2과(p.18)
bózi	脖子	목	2과(p.18)

c

cǎihóng	彩虹	무지개	8과(p.66)
cǎoméi	草莓	딸기	8과(p.66)
chá	茶	(마시는)차	7과(p.58)
chīfàn	吃饭	밥 먹다	6과(p.52)
chànggē	唱歌	노래부르다	5과(p.44)
chē	车	자동차	7과(p.58)

d

dà	大	크다	2과(p.18)
dìdi	弟弟	남동생	1과(p.10)
dìtú	地图	지도	4과(p.34)
dú	读	(책을) 읽다	4과(p.34)

e

| è | 饿 | 배고프다 | 2과(p.18) |

f

| fēijī | 飞机 | 비행기 | 3과(p.26) |
| fùmǔ | 父母 | 부모 | 3과(p.26) |

g

gē	歌	노래	5과(p.42)
gēge	哥哥	형, 오빠	1과(p.10)
gǒu	狗	개	5과(p.42)

h

hǎochī	好吃	맛있다	8과(p.68)
hē	喝	마시다	5과(p.42)
hē chá	喝茶	차를 마시다	7과(p.60)
hǔ	虎	호랑이	2과(p.19)
huā	花	꽃	5과(p.42)

j

jīntiān	今天	오늘	6과(p.50)
jiā	家	집	6과(p.50)
jiějie	姐姐	누나, 언니	1과(p.10)

k

kāichē	开车	운전하다	7과(p.60)
kàn	看	보다	5과(p.42)
kělè	可乐	콜라	2과(p.18)
kǒu	口	입	5과(p.42)

l

lǎoshī	老师	선생님	4과(p.34)
le	了	변화를 나타냄	2과(p.20)
lù	路	길, 도로	4과(p.34)
lǜ	绿	녹색	2과(p.19)

m

ma	吗	~이니?	8과(p.68)
māma	妈妈	엄마	1과(p.10)
māo	猫	고양이	3과(p.26)
mèimei	妹妹	여동생	1과(p.10)
mǐ	米	쌀	2과(p.19)
mù	木	나무	3과(p.26)

n

nǎinai	奶奶	할머니	1과(p.10)
nǐ	你	너	1과(p.12)
niǎo	鸟	새	4과(p.34)
niúnǎi	牛奶	우유	4과(p.34)
nǚ	女	여자	2과(p.19)

p

| péngyou | 朋友 | 친구 | 3과(p.26) |
| píngguǒ | 苹果 | 사과 | 3과(p.26) |

q

| qī | 七 | 숫자 7 | 6과(p.50) |
| qí | 骑 | 타다 | 6과(p.50) |

r

| rè | 热 | 덥다 | 7과(p.58) |
| rén | 人 | 사람 | 7과(p.58) |

s

sān	三	숫자 3	8과(p.66)
shí	十	숫자 10	7과(p.58)
shǒu	手	손	7과(p.58)
sì	四	숫자 4	8과(p.66)

t

tā	他	그	4과(p.34)
táng	糖	사탕	4과(p.34)
tù	兔	토끼	2과(p.19)

w

| wǒ | 我 | 나 | 1과(p.12) |

x

xīguā	西瓜	수박	6과(p.50)
xǐ	洗	씻다	6과(p.50)
xǐhuan	喜欢	좋아하다	3과(p.28)
xǐshǒu	洗手	손을 씻다	6과(p.52)
xiǎogǒu	小狗	강아지	5과(p.44)

y

| yéye | 爷爷 | 할아버지 | 1과(p.10) |

z

zàijiàn	再见	안녕, 잘 가	8과(p.66)
zǎoshang	早上	아침	8과(p.66)
zhēn	真	정말로	8과(p.68)
zhū	猪	돼지	7과(p.58)
Zhōngguó	中国	중국	7과(p.58)
zǒu	走	걷다	4과(p.36)

신한미 (愼漢美)

부산대학교 중어중문학과 졸업
北京 广播学院对外汉语教学中心 어학 연수
문화관광부 관광통역지원센타 중국어 교육과정 이수
연세대학교 평생교육원 한자지도자 과정 수료
서울 교육청 꿀맛닷컴 초중등 중국어 교과상담
뽀포모포 어린이 중국어 발음 1,2권 (제이플러스 2014)
뽀포모포 어린이 중국어 단어 1,2권 (제이플러스 2016)
뽀포모포 어린이 중국어 말하기 1,2,3권 (제이플러스 2021)
하오빵 新 HSK 실전 모의고사 1급 (시사중국어사 2015)
착! 붙는 新 HSK 실전 모의고사 1급 (시사중국어사 2016)

현) 서울 유석 초등학교 중국어 교과 전담
현) 한국 방송통신대학교 대학원 실용중국어학과 석사 과정
쑥쑥닷컴 '중국어 게시판' 및 '친구들아 중국어랑 노올자' 칼럼 연재
네이버 카페 https://cafe.naver.com/shenlaoshi/342

개정2판1쇄   2022년 1월 25일

저자	신한미
발행인	이기선
발행처	제이플러스
삽화	문채빈
등록번호	제10-1680호
등록일자	1998년 12월 9일

주소	서울시 마포구 월드컵로 31길 62 제이플러스
구입문의	02-332-8320
내용문의	070-4734-6248
팩스	02-332-8321
홈페이지	www.jplus114.com
ISBN	979-11-5601-187-3

©JPLUS 2014, 2022

값 15,000원

- - - - - - - - 접는 선
──────── 오리는 선

만들기
1과 p.13

뽀 포 모 포
어린이
중국어
발음1

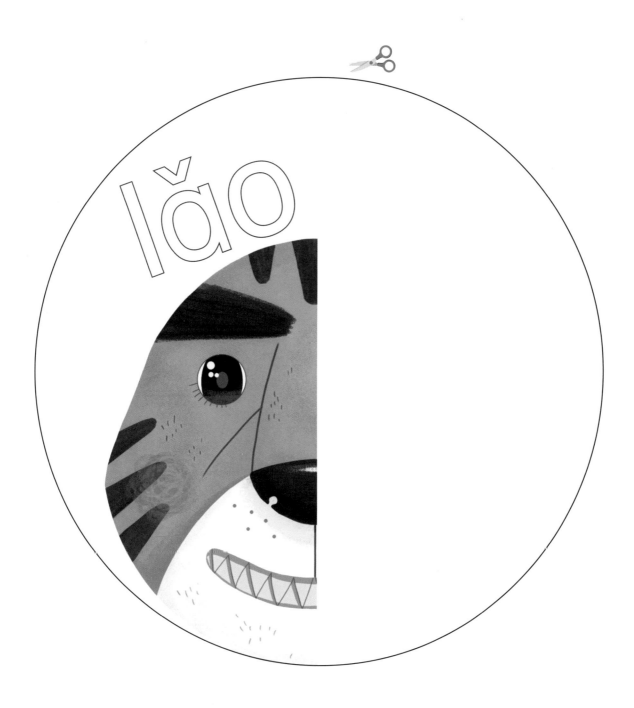

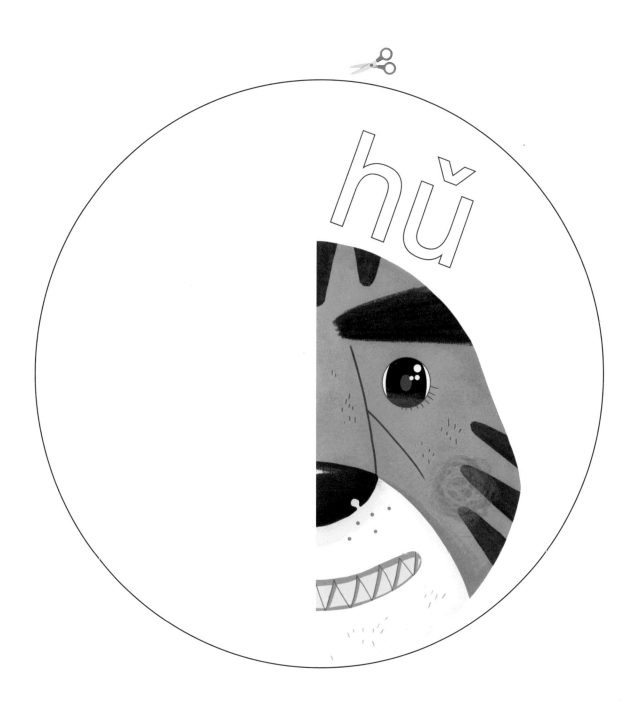

- - - - - - - 접는 선
——————— 오리는 선

만들기
4과 p.37

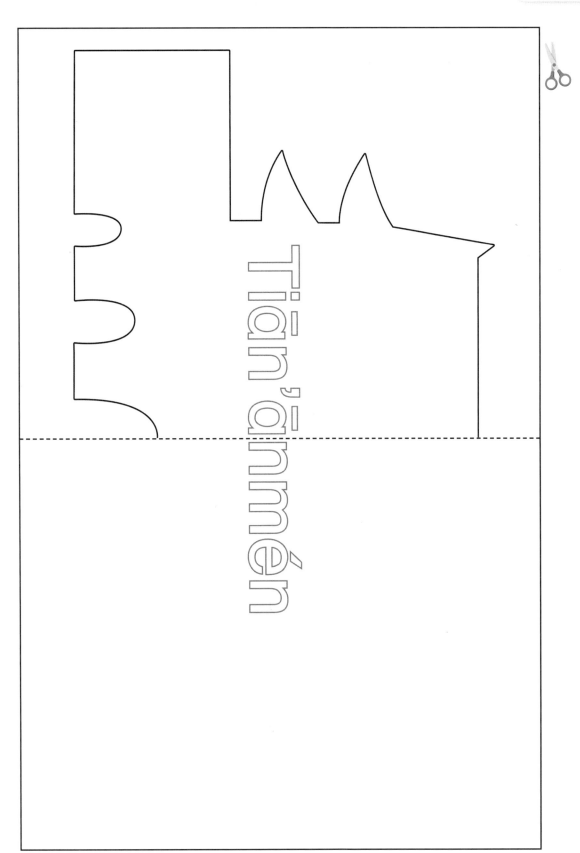

Tiān'ānmén

JPLUS
Language Publishing Co.

접는 선
오리는 선

만들기
8과 p.69

뽀 포 모 포
어린이
중국어
발음 1

이름 :

만기놀
표 표 표 뻐

- 1 -

bpmf

- 2 -

dtnl

- 3 -

gkh

- 4 -

jqx

- 5 -

ㄴㄴ㣵
ㄷㅇㅁ

- 8 -

zㄴs

- 7 -

zh ch sh r

- 6 -

------- 접는 선
——— 오리는 선

만들기
놀자 p.72

뽀 포 모 포
어린이
중국어
발음 1

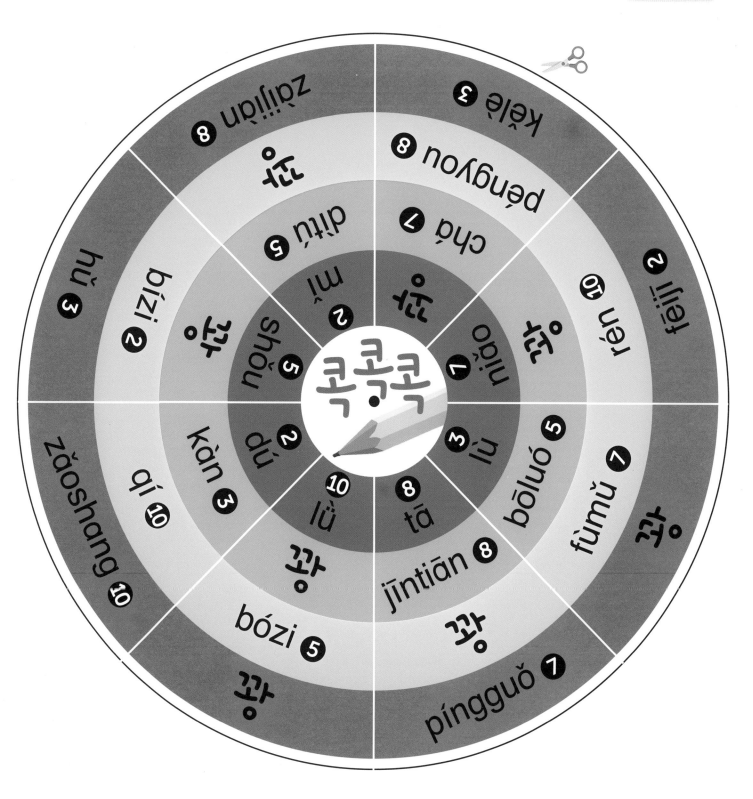

zàijiàn ⑧

kělè ③

péngyou ⑧

dìtú ⑤

chá ⑦

hǔ ③

bízi ②

mǐ ②

niǎo ①

fēijī ②

rén ⑩

shǒu ⑤

lù ③

bōluó ⑤

dú ②

tā ⑧

fùmǔ ⑦

kàn ③

lǜ ⑩

jīntiān ⑧

qí ⑩

zǎoshang ⑩

bózi ⑤

píngguǒ ⑦

콕 콕 콕

13 다음 중 성조가 다른 하나를 고르시오.

①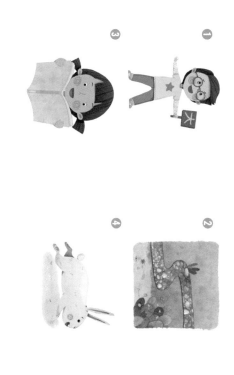

② (picture)

③ (picture)

④ (picture)

14 그림에 해당하는 한어병음으로 알맞은 것을 고르시오.

① 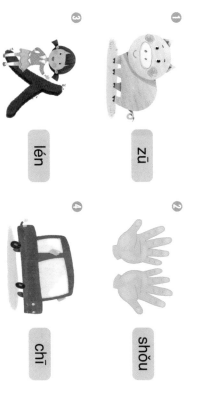 zū

② (picture) shǒu

③ (picture) lén

④ (picture) chī

19 ① xǐ — 마시다   ② shǒu — 머리

③ bízi — 코   ④ yéye — 할머니

20 ① cǎihóng — 무지개   ② qī — 숫자 8

③ jīntiān — 어제   ④ dìtú — 집

수고했어요!
辛苦了! Xīnkǔ le!

발음역 1권을 공부했어요!	
100점~90점	非常好! Fēicháng hǎo!
89점~80점	很好! Hěn hǎo!
79점~70점	好! Hǎo!
69점~60점	要努力! Yào nǔlì!

10 빈칸에 들어갈 알맞은 발음을 보기에서 고르시오.

□ shǐ

① āo ② ǎo ③ ōu ④ ǒu

11 다음의 한어병음에 알맞은 그림을 보기 중에서 고르시오.

zǎoshang

①
②
③
④

12 다음 보기 중에 '과일'이 아닌 것을 고르시오.

① píngguǒ ② cǎoméi
③ fēijī ④ bōluó

* (15~16) 주관식

15 그림 단어의 정확한 한어병음(성조포함)을 적으시오.

16 다음 중국어를 우리말로 해석하시오.

Zàijiàn! (再见!)

↓

* (17~20) 한어병음과 그 뜻이 바르게 연결된 것을 고르시오.

17 ① mèimei 남동생 ② kělè 콜
③ shí 숫자4 ④ péngyou 친구

18 ① gǒu 고양이 ② huā 꽃
③ hǔ 토끼 ④ māo 강아지